**Le roman du film**

DreamWorks Trolls © 2016 DreamWorks Animation LLC.
All Rights Reserved.
D'après *The Trolls Junior Novel*, Random House.

© Hachette Livre 2016 pour la présente édition.
Tous droits réservés.

Traduction d'Olivier Gay.
Conception graphique et mise en pages : Mélody Gosset.

Hachette Livre, 58, rue Jean-Bleuzen, 92178 Vanves Cedex.

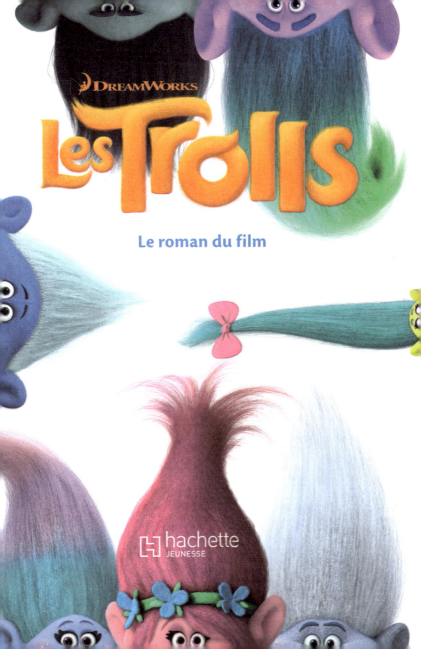

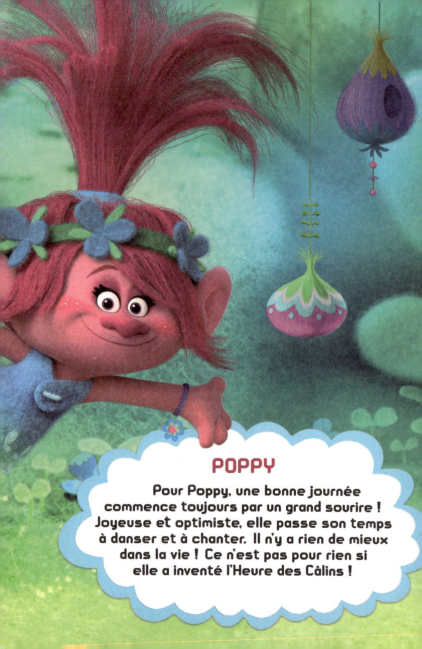

## POPPY

Pour Poppy, une bonne journée commence toujours par un grand sourire ! Joyeuse et optimiste, elle passe son temps à danser et à chanter. Il n'y a rien de mieux dans la vie ! Ce n'est pas pour rien si elle a inventé l'Heure des Câlins !

# BRANCHE

Branche n'aime pas les câlins et... encore moins les chansons ! Terrorisé à l'idée que les Bergens puissent capturer les Trolls, il vit caché dans un abri souterrain. Mais sa rencontre avec Poppy va changer sa vie et sa façon de voir le monde !

## KING GRAILLON JUNIOR

Le roi des Bergens n'a jamais mangé aucun Troll de sa vie ! Alors quand Chef lui apprend qu'elle a mis la main sur une famille de Trolls, King Graillon Junior est fou de joie !

## BRIGITTE

La servante de King Graillon Junior a un secret : elle est amoureuse de lui ! Mais comment ce dernier pourrait-il la remarquer ? Et si les Trolls lui venaient en aide ?

## CHEF
Persuadée que manger des Trolls permet aux Bergens d'être heureux, la cuisinière des Bergens n'a qu'un souhait : les capturer !

## Sauve qui peut !

Il était une fois, dans une forêt joyeuse remplie d'arbres joyeux, les créatures les plus joyeuses que le monde ait jamais connues : les Trolls ! Ils adorent danser, chanter, se faire des câlins… et puis recommencer !

Tout allait bien pour eux jusqu'au jour où leurs danses et leurs chants ont attiré un Bergen. Les Bergens – de vrais géants face aux Trolls minuscules ! – sont les créatures les plus malheureuses de l'univers. Au lieu de chanter, ils grimacent, grognent et se donnent des coups de pied. Dès que des nuages apparaissent dans le ciel, ils flottent au-dessus d'eux pour les tremper de pluie.

Un Bergen affamé entend le chant des Trolls et s'aventure dans la forêt joyeuse pour suivre la mélodie. Il aperçoit un Troll souriant, qui marche sur une branche d'arbre, ouvre grand ses bras et commence à chanter :

– Oh, quel jour merveilleux ! Le plus beau jour que j'aie jamais…

Mais il n'a pas le temps de terminer sa phrase : le Bergen l'attrape et le dévore tout cru ! Soudain, le monstre ressent de nouvelles émotions… Joie ! Bonheur ! Plaisir ! Il n'a jamais utilisé ces mots, mais ils décrivent parfaitement les sensations qu'il découvre.

Lorsque le Bergen rentre chez lui, il raconte à ses compagnons cette expérience incroyable. Au début, personne ne comprend.

– Tu as trouvé une nouvelle manière de te sentir triste ? propose l'un d'eux.

– Non ! Pas triste. Je me suis senti… heureux, conclut le Bergen lentement. C'est ça. Je me suis senti heureux.

– Montre-nous ! rugissent les autres.

Toute la troupe se précipite vers la forêt joyeuse, attrape les Trolls sur les arbres et les dévore.

Délicieux ! En un rien de temps, les Bergens rasent la forêt entière pour construire Bergenville, un affreux village qui entoure le dernier arbre des Trolls. Ils construisent une cage épaisse autour de lui pour garder en captivité les Trolls encore en vie.

Les Bergens se sentent si heureux lorsqu'ils mangent les Trolls qu'ils décident de se réunir une fois par an autour de celui qu'ils ont nommé l'Arbre Troll, pour faire un bon festin et goûter au bonheur. Ce sera le Trollstice !

Ce matin de Trollstice-là, un jeune Bergen file à travers les allées du palais royal sur son vélo. C'est Prince Graillon, le fils unique de King Graillon, et l'héritier du trône. Il remonte un escalier pour atteindre la chambre de son père et bondit sur son estomac. Bim ! La couronne du roi glisse sur son œil gauche. Il aime la porter même quand il dort pour que personne n'oublie qu'il est le chef.

– Bonjour, papa ! chantonne le prince, avant d'insister. Papa, réveille-toi !

Puis, voyant que son père ne bouge pas d'un pouce, il lui arrache une poignée de poils du torse.

– AÏE ! hurle King Graillon.

– C'est le Trollstice ! lance le prince, incapable de contrôler son excitation.

Le roi sourit. Bien sûr ! Il avait presque oublié cet incroyable événement ! Il prend son fils sur ses épaules et marche jusqu'à l'Arbre Troll.

Plusieurs cuisiniers en uniformes militaires tranchent l'air de leurs longs couteaux aiguisés. Ils les frottent les uns contre les autres, projetant des étincelles vers deux grands fours. Une gerbe de flammes en jaillit à leur contact.

Une voix autoritaire s'élève derrière la fumée :

– Applaudissez la gardienne des Trolls, la ministre du bonheur, la cuisinière royale… MOI !

Une silhouette imposante apparaît alors à travers la fumée sombre…

C'est Chef, la cuisinière royale, une Bergen encore plus cruelle que les autres. Elle est responsable de la cuisson des Trolls et donc du bonheur de son peuple. Cela lui donne du pouvoir. Et Chef aime BEAUCOUP le pouvoir.

– C'est un Trollstice très particulier, annonce-t-elle, car l'un d'entre nous n'a encore jamais goûté à un Troll. Prince Graillon, le moment est venu.

Le prince se sent soudain nerveux. Son père lui attache fièrement un bavoir Troll tout neuf autour du cou et le pousse gentiment en avant.

– Ça va aller, fiston, le rassure le roi. J'étais stressé lors de mon premier Troll, moi aussi.

Chef s'empare d'un large trousseau de clés et ouvre la porte rouillée de la cage où sont enfermés les Trolls.

Tous les Bergens, réunis en une foule immense, se penchent en avant pour essayer de mieux voir l'Arbre Troll et ses délicieux habitants. De magnifiques bourgeons multicolores pendent aux branches.

Incapable de se retenir, Prince Graillon court dans la cage. Chef le suit à l'intérieur et cueille une Troll avec une touffe de cheveux roses. Le prince essaie désespérément de l'attraper, mais Chef la tient juste hors de portée.

– J'ai choisi une Troll très particulière, dit-elle d'une voix forte pour que tout le monde l'entende. C'est la plus heureuse, la plus positive de tous les Trolls. Parce que chaque prince mérite une princesse. Je te présente celle qu'ils appellent… princesse Poppy.

Impatient, le prince bondit et attrape la Troll aux cheveux roses. Il n'arrive pas à croire en sa chance. Il mord dedans.

CRUNCH !

La Troll se brise en deux. Il avale avec délice... puis semble soudain un peu écœuré.

– Alors, comment te sens-tu ? demande Chef, aux anges.

– Elle est toute pourrie ! grogne le prince en crachant des copeaux.

Chef attrape l'autre moitié de la Troll et l'examine avec attention. C'est une poupée de bois, avec des cheveux roses collés sur sa tête !

– C'est une fausse ! lance-t-elle, horrifiée.

King Graillon se précipite dans la cage, stupéfait. Il donne un coup de pied dans le tronc et des dizaines de faux Trolls tombent des branches.

– OÙ SONT LES TROLLS ?! gronde-t-il en se retournant vers Chef.

Les Trolls fuient à travers les sombres tunnels, le long des racines de l'arbre. Les vieux, les jeunes, les garçons et les filles courent aussi vite que leurs petites jambes peuvent les porter.

– Allez ! Allez ! les encourage leur chef, King Peppy, en tenant une torche pour illuminer leur chemin.

Les Trolls se relaient pour porter une petite Troll toute joyeuse. C'est la princesse Poppy, celle que Chef avait prévu de donner à manger à Prince Graillon !

– Sire, certains n'arrivent pas à suivre la cadence, prévient un Troll.

Le roi pose sa fille dans ses cheveux pour la mettre en sécurité, puis rebrousse chemin en courant.

– On n'abandonne aucun Troll ! crie-t-il.

À chaque fois qu'il croise des Trolls coincés par des flaques d'eau dans les racines, il utilise ses vêtements pour les aider à passer. Bientôt, il est en sous-vêtements ! Puis il aperçoit un Troll effondré sur le sol, la jambe brisée. Il l'attrape sur son dos et reprend son chemin.

Mais, alors que le roi des Trolls avance dans le tunnel, des pelles et des pioches percent les galeries et menacent de tout faire s'effondrer !

SHONK ! SHONK !

King Peppy doit esquiver les lames aiguisées !

À l'extérieur, les soldats de Chef poignardent le sol avec acharnement.

– Papa ! gémit Prince Graillon. Où sont passés les Trolls ?

Le roi ne peut pas répondre, et ça le rend encore plus furieux. Il se retourne vers Chef.

– Ne reste pas plantée là ! Rends mon fils heureux !

Chef attrape la pioche d'un des gardes et frappe violemment le sol.

SHONK !

La lame coince les sous-vêtements de King Peppy ! Le pauvre projette les Trolls qu'il portait en direction de la sortie, puis essaie de se libérer à son tour. Au moment où il y parvient… une pelle vient lui bloquer le chemin !

Le tunnel débouche dans la forêt. Les Trolls se précipitent à l'extérieur et s'effondrent, à bout de force.

– Où est King Peppy ? demande l'un d'eux, inquiet.

– Je crois qu'il a été capturé, répond tristement un autre.

Soudain, une voix les interrompt.

– Quand je dis : « on n'abandonne

aucun Troll », ça veut dire « on n'abandonne aucun Troll ! »

King Peppy sort à son tour du tunnel et prend une pose héroïque, en tenant la princesse sur sa tête. Les Trolls lui font une ovation, même si leur roi est… complètement nu !

– Nous sommes sauvés ! annonce-t-il. Mais plus nous nous éloignerons de Bergenville, plus nous serons en sécurité. Allez, allez, pas de temps à perdre !

Les Trolls ne se le font pas dire deux fois et s'enfuient à travers la forêt.

Pendant ce temps là, à Bergenville, King Graillon est encore plus triste que d'habitude. Le Trollstice a été ruiné, son fils est inconsolable, et tout est la faute de Chef.

– Emmenez-la ! hurle-t-il furieux par la fenêtre de son château. Elle est désormais bannie POUR TOUJOURS !

En réponse, les Bergens en colère portent Chef à travers les rues en l'insultant.

– Lâchez-moi ! proteste-t-elle. Qu'est-ce que vous faites ? Sans moi, qui préparera vos Trolls ?

– À cause de toi, il n'y a plus de Trolls ! gronde un Bergen.

La foule jette la cuisinière à l'extérieur de la ville et referme les portes. Désormais seule, Chef s'éloigne du village… en planifiant sa vengeance.

Les Trolls courent toute la nuit. Au petit matin, ils sont bien loin de Bergenville. Ils s'arrêtent au milieu d'une magnifique clairière : le soleil brille sur l'herbe verte, un ruisseau clapote à côté et les oiseaux chantent dans les arbres.

King Peppy monte sur un grand champignon et s'adresse à son peuple d'une voix sonore.

– Ici ! Voilà où nous reconstruirons notre civilisation. Cet endroit a tout ce dont nous avons besoin : de l'air pur, de l'eau claire et un champignon pour monter dessus !

Les Trolls sont ravis. Ils adorent cet endroit ! C'est le lieu parfait pour leur nouveau foyer. La princesse Poppy prend une petite clochette et l'agite en rythme. Les Trolls commencent aussitôt à construire leurs nouvelles maisons, loin des dangers des cruels – et affamés – Bergens.

C'est la fête !

Vingt ans plus tard, la princesse Poppy est devenue une adulte, et mesure désormais près de treize centimètres ! Elle a constitué un album-souvenir de la fuite de Bergenville, et elle adore raconter aux enfants ce qui s'est passé !

– Depuis ce jour, conclut-elle, aucun Troll n'a jamais eu à s'inquiéter d'être mangé. Grâce à King Peppy, nous sommes en sécurité. Et nous pouvons vivre en parfaite… harmoniiiiiie !

Elle chante le dernier mot de sa voix claire et pure.

L'un des enfants l'imite, puis un second :

– Harmoniiiiiie !

Puis une troisième Troll lève la main :

– C'est pour ça qu'on se fait des câlins toutes les heures ? demande-t-elle.

– Oui, répond Poppy.

– J'aimerais que ce soit toutes les demi-heures, remarque un enfant.

– Moi aussi, admet Poppy. Mais ça ne laisserait plus beaucoup de temps pour les chansons et les danses, pas vrai ? Et il y en aura plein à la fête, ce soir. Ce sera la plus belle fête du monde !

Lorsque King Peppy rejoint le petit groupe, les enfants se précipitent sur lui, ravis. Ils s'agrippent à sa longue moustache et à ses cheveux roses. Le roi est heureux, mais trop vieux pour supporter le poids d'autant de Trolls, même si petits.

– C'est bon, dit-il en riant. Récupère-les, Poppy !

Avec amour, la princesse aide son père à se relever. L'un des enfants lui tend le magnifique album-souvenir :

– Regardez ce que la princesse a fait pour vous !

Le roi feuillette les pages, émerveillé. Puis il lève les yeux du livre.

– Poppy, tu sais que je ne serai pas toujours là. Bientôt, tu devras devenir chef à ma place.

– Ne sois pas stupide, répond sa fille en souriant. Tu seras encore en vie pendant très, très longtemps. Et puis, cette journée t'est consacrée. C'est pour ça qu'on va tellement s'amuser, ce soir. Pas vrai, les enfants ?

– OUI ! crient-ils tous en chœur. ÇA VA ÊTRE GÉNIAL !

Poppy se promène en dansant à travers le village des Trolls, en distribuant les invitations pour la super fête du soir. Elle agite la clochette qu'elle avait étant enfant, et qu'elle porte désormais dans ses cheveux. Cooper, un Troll qui ressemble à une girafe, se met à rapper pour l'accompagner. Puis elle passe devant Smidge, un petit Troll jaune qui la soulève dans les airs pour qu'elle puisse envoyer ses invitations encore plus loin ! Ensuite, elle s'incruste sur la photo que Biggie, un grand Troll bleu, prend de son ver de terre domestique.

Tous finissent par se tenir la main : Satin et Chenille (deux jumelles jointes par la coiffure), Fuzzbert (recouvert de cheveux verts avec ses gros orteils), Guy Diamant qui n'est habillé que de paillettes, et DJ Suki avec son casque de musique.

Ils chantent en chœur puis s'empilent pour former une gigantesque pyramide de Trolls.

– Youpi ! crie Poppy, essoufflée mais ravie.

CLAP.

CLAP.

CLAP.

Quelqu'un est en train de les applaudir avec ironie.

– Incroyable, les gars, déclare une voix sourde. Vraiment génial.

C'est Branche, un Troll sérieux et tout gris qui n'a jamais participé à aucune chanson, aucune danse ou aucun câlin de sa vie.

– Félicitations, continue-t-il. On vous entend à plus d'un kilomètre.

– Oh, coucou, Branche ! le salue joyeusement Poppy.

Elle bondit du haut de la pyramide de Trolls et atterrit avec grâce devant lui. Elle sait qu'il est différent des autres,

mais elle pense qu'à force d'efforts, il finira par changer.

– Et si moi, j'ai pu vous entendre, continue Branche, les Bergens aussi.

– Et voilà, c'est reparti pour un tour, soupire Cooper.

– Tu gâches toujours tout…, commence Satin.

– … en nous parlant des affreux Bergens, conclut Chenille.

– Pas du tout, insiste Branche, un peu surpris.

Mais ils ont raison.

Par exemple, pendant un anniversaire, Branche est arrivé en hurlant : « LES BERGENS ARRIVENT, AHHH ! », et il a renversé le gâteau d'anniversaire. Une autre fois, durant un mariage, il est arrivé en hurlant : « LES BERGENS ARRIVENT, AHHH ! », et il a renversé le gâteau de mariage. Ou encore pendant un enterrement, il est arrivé en hurlant : « LES BERGENS ARRIVENT, AHHH ! », et il a renversé le cercueil.

– Détends-toi, déclare Poppy. On n'a pas vu un seul Bergen en vingt ans. Ils ne nous trouveront pas ! Nous sommes en sécurité.

– Tu sais comment faire pour ne pas qu'ils nous trouvent ? On ne chante plus, on ne danse plus… et, surtout, on ne FAIT PLUS DE FÊTES ! rugit-il en agitant l'invitation que Poppy lui a envoyée.

– Tu as invité Branche à la fête ? demande Cooper, étonné.

– Bien sûr, répond Poppy. « On n'abandonne aucun Troll », tu te souviens ?

– Ton père ne parlait pas de fêtes quand il a dit ça, grommelle Branche. Il essayait de nous protéger !

– Et maintenant qu'on ne risque plus rien, répond Poppy, je pense que tous les Trolls devraient être heureux. Même toi !

Elle récupère l'invitation de Branche et ouvre l'enveloppe. Le carton s'ouvre comme un livre en relief et montre une gigantesque fête. On peut entendre de la musique et des voix. Puis un minuscule Branche en papier apparaît et un petit nuage de paillettes vient tomber aux pieds du Troll gris.

– N'est-ce pas génial ? s'exclame Poppy. Comment peux-tu dire non à une telle invitation ?

– Ce sera la plus grande… commencent Satin et Chenille en même temps.

– … la plus bruyante… ajoute DJ Suki.

– … et la plus incroyable des fêtes ! conclut Cooper.

– Grande ? Bruyante ? Incroyable ? râle Branche. Tout ce que vous allez réussir à faire, c'est attirer ces horribles Bergens !

Cette fois, Poppy s'inquiète un peu. Et si Branche avait raison ? Elle n'a aucune envie de mettre les Trolls en danger.

– Holà, holà, intervient une voix douce. Détendez-vous, les gars.

Un Troll zen flotte dans les airs en position du lotus. C'est Creek. Il aime le yoga mais personne ne l'a jamais vu en lévitation jusqu'ici.

En fait, il est assis sur un insecte volant ! Il saute sur le sol et pose une main sur l'épaule de Branche.

– Merci d'avoir partagé ton opinion originale. Mais pour cette fois, pourquoi ne pas positiver ? Des pensées positives iraient bien avec ta veste.

– Écoute, Branche, ajoute Poppy, j'apprécie ta vigilance. Mais ça fait des années qu'on n'a pas revu un Bergen. Ils ne nous trouveront plus, maintenant.

– Non, confirme Branche. Ils ne me trouveront pas, moi, parce que je vivrai cette fête dans mon abri anti-Bergens. Il est bien caché et bien protégé.

Au moment où Poppy veut lui répondre, le bourgeon sur son poignet s'ouvre et émet un DING !

– C'est l'Heure des Câlins ! annonce la princesse.

Les Trolls se jettent les uns sur les autres pour se prendre dans les bras et s'embrasser, écrasant Branche au milieu de leur groupe. Quand il parvient à se libérer de l'amas de corps, il se tourne vers la princesse.

– Chanter, danser, câliner… c'est comme ça que tu comptes nous diriger ? Quand on sera face à une vraie crise, je suppose que la réponse sera de faire une fête… parce que c'est tout ce que tu connais !

Le soir, tous les Trolls se réunissent au centre du village. Cooper monte fièrement sur un champignon avec King Peppy sur son dos. La princesse les suit.

Lorsque le roi salue la foule, tout le monde l'acclame.

– King Peppy ! King Peppy !

Pendant ce temps, dans la forêt, Branche, qui rassemble des brindilles, entend leurs cris. Il sait que la grosse fête a commencé. Une minuscule part de lui se dit que ça pourrait être drôle d'y participer. Puis il grogne de dégoût et rentre se cacher dans son abri souterrain.

Sur la scène, Poppy se tourne vers DJ Suki et lève le pouce :

– Monte le volume ! PLUS FORT !

DJ Suki obéit et les basses font vibrer le sol : BOUM ! BOUM ! BOUM ! BANG !

Les canons projettent des paillettes dans les airs ! Lorsque Smidge allume les projecteurs multicolores, elles brillent encore plus. Et ce n'est que le début de cette fête incroyable.

*Tout se passe bien*, se dit Poppy. *Je savais bien que Branche exagérait… comme d'habitude !*

Non loin d'ici, dans la forêt, une Bergen sort d'un vieux camping-car pour mieux entendre la musique.

C'est Chef.

Pendant vingt ans, elle a cherché les Trolls. Et voilà qu'elle entend une musique qui ressemble à la leur. Soudain, un feu d'artifice explose dans le ciel ! Après toutes ces années, a-t-elle enfin retrouvé ces Trolls délicieux ?

Poppy s'avance sur le champignon et lève les mains pour réclamer le silence.

– J'aimerais prendre un instant pour rendre hommage à mon père, notre roi, qui, il y a vingt ans jour pour jour, nous a tous sauvés des terribles…

BOUM ! BOUM ! BOUM !

Un inquiétant martèlement vient perturber le discours de Poppy. Et il se rapproche.

Les Trolls lèvent les yeux. Les lampions de la fête s'agitent dans les arbres alors que les piétinements secouent le sol. Une ombre s'étend sur eux.

– LES BERGENS ! crie King Peppy.

**À l'aide !**

– Après tout ce temps… siffle Chef en savourant chaque mot. Vous voilà enfin !

Les Trolls se dispersent dans toutes les directions en hurlant. La princesse prend son père par la main et l'aide à descendre du champignon. Biggie commence à courir mais il ne trouve pas son ver adoré.

– M. Dinkles ?! crie-t-il. Quelqu'un a-t-il vu M. Dinkles ?

Chef s'approche de lui… et l'attrape en même temps que l'animal qu'il venait de retrouver !

– Camouflez-vous ! hurle Poppy en courant dans la foule. Camouflez-vous !

Les Trolls changent la couleur de leurs cheveux pour se fondre dans le paysage, mais certains ne sont pas assez rapides. Chef en attrape autant qu'elle peut en souriant cruellement.

– Aaah ! hurle Smidge.

La main de Chef s'abat sur elle, mais la petite Troll parvient à se faufiler entre ses doigts.

PAF !

L'autre main de la terrifiante Bergen l'assomme avant de la glisser dans le sac. Paniquées, Satin et Chenille essaient de fuir dans des directions opposées, mais c'est impossible avec leurs cheveux partagés ! Chef passe un doigt dans leurs chevelures et les attrape toutes les deux d'un seul coup.

Cooper essaie de se cacher mais son long cou le trahit – sa tête sort des buissons ! Et Chef le capture à son tour.

– Dissimulez vos auras ! crie Creek.

Malheureusement, aucun Troll ne sait faire ça. Ils ne savent même pas ce qu'est une aura et encore moins s'ils en ont une ! En parlant, Creek a attiré l'attention de Chef, et il se retrouve lui aussi dans sa main.

– Non ! hurle Poppy en projetant ses cheveux en avant et en les enroulant autour des poignets de Creek.

Elle tire de toutes ses forces pour le libérer. Mais malgré ses cheveux incroyables, la force de la petite princesse ne vaut pas celle d'une Bergen. Elle lâche prise, et Creek disparaît dans le sac de Chef.

Tous les Trolls se sont désormais cachés. Il n'en reste plus qu'un en vue : King Peppy. Il se tient juste devant le pied de Chef et lui frappe l'orteil de sa canne.

– Vilaine Bergen, dit-il fermement. C'est mal, c'est très mal.

Poppy court jusqu'à lui, l'attrape et le glisse sous le champignon. Elle a juste le temps d'utiliser ses cheveux pour les cacher tous les deux.

Chef fouille le village entier, détruisant au passage ses bourgeons et ses maisons, sans parvenir à trouver d'autres Trolls. Elle grimace un sourire et déclare à la ronde :

– Merci d'avoir fait une soirée aussi grande, aussi bruyante…

– … AUSSI FOLLE ! complète Cooper en sortant sa longue tête du sac de Chef.

La Bergen ferme sa sacoche malgré les protestations des Trolls à l'intérieur. Enfin, elle s'en va dans les bois.

BOUM !
BOUM !
BOUM !

Le sol tremble. Des feuilles et des brindilles tombent des arbres. Les oiseaux s'envolent dans les airs.

Puis c'est le calme.

Poppy retrouve lentement ses couleurs alors que son camouflage disparaît. Elle se précipite avec son père au centre du village dévasté. D'autres Trolls apparaissent petit à petit.

– Est-ce qu'elle va revenir ? s'inquiète l'un d'eux.

– On va faire quoi maintenant ? gémit un autre.

– Dépêchons-nous, tous ! ordonne King Peppy. Nous devons fuir avant que les Bergens ne reviennent. Nous devons trouver un nouveau foyer !

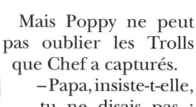

Mais Poppy ne peut pas oublier les Trolls que Chef a capturés.

– Papa, insiste-t-elle, tu ne disais pas : « on n'abandonne aucun Troll » ?

– Je suis désolé, murmure tristement King Peppy. C'était il y a si longtemps. Je ne suis plus le roi que j'étais. C'est pour ça que nous devons fuir. Allons-y, tout le monde !

Il agite les bras pour inciter les autres à avancer. Mais Poppy ne bouge pas d'un poil.

– Dans ce cas, j'y vais, moi, décide-t-elle. Je vais sauver mes amis.

Les autres Trolls la regardent, stupéfaits. Elle ? Une princesse inexpérimentée ne peut pas partir pour une mission aussi dangereuse !

– Poppy, proteste douloureusement le roi, tu ne peux pas y aller seule.

– Oh, je ne serai pas seule, répond-elle.

Elle vient d'avoir une idée !

Branche est seul dans son abri. Entouré de tout ce qui lui permettrait de survivre pendant très longtemps, il contemple son invitation à la soirée. Lorsqu'il l'ouvre, sa miniature apparaît avec une pancarte : « Vous êtes invité ! » Une musique joyeuse résonne dans les airs.

Sur la table se trouvent toutes les autres invitations que Poppy lui a envoyées au cours des années. Toutes ont un petit Branche à l'intérieur. Le Troll les a secrètement conservées.

BOUM ! BOUM ! BOUM !

Quelqu'un frappe à sa porte. Le Troll ne veut pas être vu en train de regarder les invitations de Poppy, et il essaie de les cacher mais, dans la précipitation, elles se déclenchent toutes en même temps !

– « Branche, tu es invité ! », « Viens faire la fête, Branche ! », « Branche, Branche, Branche ! »

– Non ! s'affole le Troll. Chut, chut !

À l'extérieur, Poppy continue à frapper au gros rocher qui sert de porte à l'abri. Une trappe s'ouvre dans le paillasson et des yeux apparaissent pour observer l'intrus.

– Je n'irai pas à ta fête ! gronde Branche.

– La fête est terminée, annonce Poppy. On vient d'être attaqués par une Bergen !

– Je le savais !

Branche ouvre les cadenas et verrous qui maintenaient la porte close, et tire la princesse à l'intérieur.

BOUM !

Il referme précipitamment la trappe et réinstalle toutes les sécurités.

– Branche, je… commence Poppy.
– Chut ! ordonne celui-ci.
– Mais je dois te dire…
– Chut !

Poppy reste silencieuse un instant, puis lève la main, comme à l'école.

– Quoi ? demande Branche, agacé. Qu'est-ce que tu veux me dire de si important ?

– La Bergen est partie, explique Poppy.

– Tu ne peux pas le savoir ! Elle est peut être toujours là. Elle nous regarde, elle attend, elle écoute…

– Non, elle est partie, insiste Poppy. Et elle a capturé plusieurs Trolls ! C'est pour ça que je voulais te demander si tu pouvais m'accompagner à Bergenville pour les sauver.

Branche est si surpris par sa question qu'il déclenche par erreur un de ses pièges.

SNAP ! SNAP !

– Quoi ?! s'exclame-t-il en se débarrassant du piège sur son pied. Non, je ne viendrai pas !

– Branche, tu ne peux pas refuser, dit la princesse, stupéfaite. Ce sont tes amis !

– Non, corrige Branche, ce sont *tes* amis. Moi, je reste dans mon abri, en sûreté.

Il pousse un levier et la plate-forme sur laquelle il se tient avec Poppy se met à descendre dans un souterrain.

Elle dépasse des étagères remplies de nourriture, de boissons et de matériel. La princesse n'aurait jamais pensé que son abri était si grand !

– Mes réserves me permettent de rester ici pendant dix ans, explique Branche. Vous disiez tous que j'étais fou, hein ! C'est qui le fou maintenant ?

La plate-forme s'arrête enfin. La lumière au fond de l'abri est un peu plus forte, et les murs sont couverts de gribouillis et de dessins de Bergens qui montrent leurs dents.

– Branche, tu dois absolument m'aider, tente de nouveau la princesse. Tous les Trolls comptent sur moi.

– Probablement pas, objecte Branche.

– Bon, d'accord, tu as raison, ils ne comptent pas sur moi. Mais ils n'ont personne d'autre.

– Tu devrais essayer de les sauver avec un album-souvenir, se moque le Troll.

La princesse pensait qu'il voulait juste fanfaronner un peu avant d'accepter de l'aider, mais il n'a pas l'air de vouloir bouger d'un pouce. Elle actionne tristement le levier sur la plate-forme et remonte doucement vers la sortie. Branche reste seul dans son abri sinistre. Il ne veut pas l'avouer, mais il ne supporte pas la solitude.

Soudain, la lumière augmente et... Poppy redescend !

– Oh, Branche, dit-elle, l'air de rien. Je me demandais juste si je pouvais t'emprunter un truc.

– Quoi ? demande-t-il en levant les yeux au ciel.

– Ton abri !

Avant que Branche ait eu le temps de réagir, tous les Trolls encore libres débarquent dans l'abri souterrain.

– Youpi ! crient certains en glissant le long de l'ascenseur.

– Arrêtez ! proteste Branche. Hé, Poppy, qu'est-ce que tu fais ?

– Tu disais que tu avais assez de provisions pour dix ans, pas vrai ?

– Oui, dix ans pour moi ! Avec eux, ça ne tiendra que deux semaines !

– Dans ce cas, je suppose que je dois me dépêcher, répond Poppy en souriant.

Elle se détourne et remonte dans l'ascenseur.

– Attends, attends, crie Branche. Tu vas vraiment aller à Bergenville toute seule ?

– Mon père n'a jamais abandonné personne, je ne le ferai pas non plus, promet-elle.

– Mais tu ne survivras pas un jour à l'extérieur !

– Et toi, tu ne survivras pas un jour au milieu de tout ce monde, ricane-t-elle.

Branche ne sait pas quoi répondre. Poppy tire le levier et remonte à la surface. Elle regarde le bourgeon à son poignet et compte en souriant :

– Trois… deux… un…

DING !

Toutes les montres se mettent à sonner en même temps.

– Oh, se réjouit King Peppy. L'Heure des Câlins !

Branche regarde autour de lui, affolé. Poppy lui sourit en s'élevant hors de sa vue. Les Trolls s'approchent, les bras tendus comme des zombies :

– Les câlins, les câlins, chantonnent-ils.

– Noooon ! hurle Branche.

Une fois à l'extérieur, Poppy sort son album-souvenir et raconte le début de son voyage :

– Maintenant que ses amis sont bien cachés, la princesse Poppy part sauver les autres Trolls !

Elle commence à suivre les larges empreintes de pas de Chef à travers la forêt. Bientôt, elle ne reconnaît plus le paysage : les arbres sont plus proches et les bois plus sombres. Les plantes ont l'air étranges, ici. Pour se calmer, Poppy fredonne une chanson sur le courage.

– Faire face au danger. Sauver ses amis. Ça ne peut pas être si dur que ça !

Elle se tient sur une énorme fleur au-dessus d'un parterre multicolore, lorsque la tige se brise. Elle tombe…

mais transforme ses cheveux en escalier et descend sans s'arrêter de chanter. Un papillon coloré passe au-dessus de sa tête, et Poppy rajoute quelques lignes à sa chanson.

– N'est-ce pas un signe vraiment fantastique… ?

Mais une créature bizarre attrape le papillon avec sa langue et le dévore. Puis celle-ci est mangée à son tour par un animal volant qui se fait carboniser par une étrange plante.

Poppy continue son chant optimiste, sans tenir compte des dangers autour d'elle. Elle rebondit sur des fleurs orange. Elle atterrit sur un long serpent et glisse le long de son dos. Un oiseau l'avale, puis pond un œuf dans son nid. Poppy est dedans ! Mais elle doit combattre les deux oisillons avant de pouvoir s'échapper.

Elle continue à chanter.

– Relève-toi, encore une fois !

La princesse chevauche une feuille, subit la chaleur et le sable, le froid et la neige. Elle plonge sous l'eau et traverse un énorme poisson. Elle rebondit sur des globes oculaires. Elle atterrit sur une plante pleine d'yeux et de dents qui essaie de la manger. Heureusement, elle arrive à lui bloquer les mâchoires et s'échappe… avant de se faire manger par une fleur encore plus grosse.

– Relève-toi, encore une fois !

Elle tombe à travers un long tunnel sombre mais avant d'atteindre le fond, elle utilise ses cheveux pour ralentir sa chute. Elle s'en sert comme de ressorts et se projette à l'extérieur du trou.

BING !

– Relève-toi, encore une fois !

Elle mange ce qui ressemble à une myrtille. Des points bleus apparaissent sur son visage et son corps. Elle grossit jusqu'à ressembler à une grosse boule bleue qui roule toute seule !

Mais elle chante encore.

Elle tombe à travers plusieurs toiles d'araignées gluantes, qui s'enroulent autour d'elle. Elle tombe sur le sol, enfermée dans son cocon. Elle a beau continuer à chanter, elle est épuisée et finit par s'évanouir.

Dans l'obscurité, des yeux sombres se mettent à briller… Trois grandes araignées poilues s'approchent de Poppy. Les créatures affamées font claquer leurs mandibules…

le visiteur surprise

BANG !

L'une des araignées se fait frapper par une poêle à frire.

C'est Branche ! Il se bat en fouettant ses ennemis avec ses cheveux.

– Reculez ! Hyah !

Les bêtes reculent quand soudain…

GULP !

Elles se font gober par une grosse créature qui attendait justement que trois proies juteuses passent à sa portée ! Branche savoure sa victoire, puis il se rappelle de la princesse. Il file à son secours et la libère d'un insecte aux mandibules acérées comme des ciseaux. Il utilise deux insectes électriques pour ranimer la jeune Troll.

ZAP !

Aussitôt, Poppy se redresse en chantant :

– Relève-toi, encore une fois !

Puis elle aperçoit Branche agenouillé devant elle.

– Te voilà ! Pile à l'heure !

– Ne me fais pas croire que tu savais que je viendrais, s'étouffe Branche, incrédule.

– C'était évident. Je me suis dit qu'après la troisième Heure des Câlins, te faire manger par un Bergen ne te semblerait pas si affreux.

En effet, le Troll a fini par céder au troisième câlin collectif…

– Allons-y, lance Poppy. Plus vite on sera arrivés, plus vite on pourra sauver tout le monde et rentrer en sécurité.

– Attends, l'interrompt Branche. C'est quoi, ton plan ?

– Je viens de te le dire : sauver tout le monde et rentrer en sécurité.

– OK, ce n'est pas un plan, observe Branche. C'est une liste de vœux.

Poppy s'arrête et fait face au Troll gris, les poings sur les hanches.

– Oh, j'imagine que tu as un plan bien meilleur alors !

Branche se racle la gorge et marche de long en large, en agitant les mains en rythme :

– D'abord, on arrive aux frontières de Bergenville sans se faire apercevoir. Puis on rentre à l'intérieur grâce aux vieux tunnels qui nous ont permis de fuir. Ils nous amèneront à l'Arbre Troll, où nous nous ferons capturer et tuer horriblement par un Bergen assoiffé de sang.

Il s'arrête de marcher et regarde Poppy qui est en train de coller des feuilles dans son journal.

– Attends une seconde. Tu es en train de dessiner mon plan ?

– Oui, oui, répond Poppy, très concentrée. J'ai presque… et voilà… fini !

Son travail terminé, elle sourit fièrement à Branche. Une petite figurine sort de son album et chante « on a réussi ! »

POUF !

Une avalanche de paillettes jaillit du livre et recouvre Branche.

– Mais j'ai changé ta fin affreuse, précise-t-elle.

Alors que les deux Trolls reprennent leur chemin à travers la forêt, Branche est agacé par le bonheur sans limites de Poppy.

– Est-ce que tu es obligée de chanter ?

– Je chante toujours quand je suis de bonne humeur, répond-elle avant de fredonner de plus belle.

– Est-ce que tu es obligée d'être de bonne humeur ?

– Pourquoi je ne le serais pas ? Demain, j'aurai retrouvé tous mes amis !

Elle bondit sur un grand arbre mort et commence à le traverser. Branche réajuste son sac à dos et la suit :
– Oui… dans l'estomac d'un Bergen.
– Ils sont en vie, Branche, je le sais, corrige Poppy.
– Non, tu ne le sais pas, insiste Branche. Et j'ai hâte de voir ton visage lorsque tu réaliseras que le monde n'est pas tout rose. Parfois, il se passe des choses tristes, et on ne peut rien y faire.

Poppy s'arrête un instant, vaguement blessée par ces accusations.

– Je préfère être optimiste, heureuse et… oui, parfois avoir tort, que d'être comme toi. Tu ne chantes pas, tu ne danses pas, tu es si gris tout le temps ! Qu'est-ce qui t'est arriv…

– Chut ! interrompt Branche en levant la main.

– Quoi ? demande Poppy, les yeux écarquillés. Il y a un Bergen ?

– Peut-être… murmure le Troll gris qui s'avance avec prudence.

Lorsqu'il est sûr que Poppy ne peut pas voir son visage, il sourit victorieusement. La princesse le suit sans rien dire, puis réalise enfin :

– Il n'y a pas de Bergen, pas vrai ? Tu as juste dit ça pour que je me taise.

– Peut-être, ricane Branche.

Pour passer la nuit, les deux Trolls construisent un camp de fortune dans une petite clairière. Avant d'aller dormir, Poppy sort les photos de tous ses amis capturés par Chef. Elle caresse gentiment les images, une par une :

– Bonne nuit, Cooper. Bonne nuit, Smidge. Bonne nuit, Fuzzbert. Bonne nuit, Satin…

– *Bonne nuit*, Poppy, gronde Branche en lui tournant le dos.

La princesse s'installe dans son sac de couchage. Branche reste éveillé à faire le guet.

DING !

Le bourgeon de Poppy se met à tinter. C'est l'Heure des Câlins ! Elle cherche quelqu'un à prendre dans ses bras.

– N'y pense même pas, dit Branche fermement.

Sans son câlin, Poppy se sent perdue. Elle regarde les étoiles dans le ciel et commence à chanter doucement :

– Les étoiles brillent dans le ciel…

– Sérieux ? Tu chantes encore ! s'exaspère le Troll gris.

– Oui, sérieux, répond Poppy. Ça m'aide à me détendre. Tu devrais essayer.

– Je ne me détends pas. C'est comme ça que je suis, et j'aime bien ça. J'aime aussi le *silence* !

En guise de réponse, Poppy sort une mandoline, pince une corde et commence à chanter. Des fleurs et des chenilles se joignent à sa mélodie. Lorsque la chanson se termine, les animaux repartent dans la nuit.

Cette fois, Branche a l'air ému. Il tend sa main vers Poppy pour lui demander la mandoline.

– Je peux ?

La princesse lui donne l'instrument, ravie qu'il veuille enfin jouer et chanter. Mais le Troll lance la mandoline dans le feu ! Puis il retourne se coucher sans un mot.

Le lendemain matin, les deux Trolls atteignent la lisière de la forêt. Ils se tiennent devant une série de tunnels.

Quelque part derrière eux se trouve Bergenville.

– Quel est le bon ? demande Poppy.

– Hum… Je ne sais pas, admet Branche, perplexe.

Soudain, une voix dramatique surgit de nulle part :

– L'un des tunnels vous mènera à Bergenville. Et les autres… À UNE MORT CERTAINE !

– Qui a dit ça ? demande Branche en se tournant pour voir qui a parlé.

– Eh bien, c'est…

L'inconnu se racle la gorge, sa voix s'adoucit alors et devient moins impressionnante.

– … moi !

Nuage-Man sort de derrière un arbre. C'est un nuage parlant, avec des chaussettes de sport aux pieds. Il les salue amicalement :

– Salut les gars, comment ça va ? Bienvenue dans les tunnels de racines. Je voulais juste vous prévenir : l'un d'eux

mène à l'Arbre Troll, mais les autres…
À UNE MORT CERTAINE !

Il a repris sa voix grave et rajoute même un peu d'écho : CERTAINE, certaine, certaine…

– Tu peux nous dire quel tunnel est le bon ? demande Poppy de sa voix la plus gentille.

– Bien sûr ! s'écrie Nuage-Man. Mais d'abord, vous devez me claquer dans la main !

Branche ne supporte pas les gens qui tapent dans les mains.

– Non, refuse-t-il.

– Frappe dedans !

– Non !

– Allez, sois sympa, intervient Poppy. Tu as juste à lui claquer dans la main, et on évitera une mort atroce dans les autres tunnels.

Branche soupire.

– Une seule fois, et tu nous diras quel tunnel prendre, OK ?

– Ça ne vous coûte rien, confirme Nuage-Man.

Mais quand Branche, déprimé, se décide enfin à obéir, le nuage enlève sa main.

– Oups, trop lent ! se moque-t-il.

– Trop lent ? répète Branche, incrédule.

La fois suivante, le nuage attrape le bras de Branche comme si c'était un levier de vitesse.

– Vroum, vroum ! glousse-t-il. Super ! Et maintenant, un câlin !

À bout de nerfs, Branche ramasse un bâton qu'il brise en deux. Alors qu'il menace Nuage-Man avec, la créature effrayée devient grise comme un orage et une flaque de pluie coule sous elle. Puis elle s'enfuit dans l'un des tunnels, pourchassée par Branche.

– Tu as raison de fuir, nuage ! crie le Troll gris hors de lui. Je vais t'arracher les bras !

– Ne lui fais pas de mal ! Il peut nous aider ! insiste Poppy.

Ils poursuivent Nuage-Man dans le tunnel jusqu'à ce que la créature s'arrête :

– Tada ! On est arrivés !

En effet, ils sont tout en haut de l'Arbre Troll !

– Eh bien, lance Nuage-Man, on s'amuse bien avec vous. Allez, je dois y aller. On se voit au retour ? Sauf si…

Il reprend sa voix dramatique.

– … VOUS MOUREZ.

Il repart et laisse les Trolls seuls au sommet de l'arbre.

Il n'y a plus de feuilles, et la cage a rouillé depuis bien longtemps. En dessous d'eux, les Bergens vivent leur vie misérable : l'un d'eux arrache des fleurs qui essaient de pousser ; un enfant traîne un cerf-volant dans la boue ; un adulte arrache les pages d'un livre ; un dernier va jusqu'à s'enterrer vivant.

– Waouh, ils ont l'air aussi déprimés que toi, murmure Poppy. Ce qui veut dire qu'ils n'ont pas encore mangé de Trolls ! Vite, sauvons nos amis !

– *Tes* amis, corrige Branche.

– *Nos* amis, insiste Poppy. Ne cherche pas, tu ne peux pas lutter.

## Infiltration

À Bergenville, les années ont passé. Prince Graillon règne sur le royaume et il se fait désormais appelé King Graillon, comme son père avant lui. Alors que Brigitte, la servante, nettoie le sol du château, il parle à son alligator apprivoisé :

– Oh, Barnabus. Tu es mon seul ami dans ce monde déprimant. Aïe ! rajoute-t-il quand l'animal lui mord la main. Mon père avait raison : je ne serai jamais heureux !

– Il ne faut jamais dire « jamais », annonce une silhouette en sortant de l'ombre.

– Chef ?! s'étonne le roi en la reconnaissant. D'où est-ce que tu viens ? Mon père t'a bannie il y a vingt ans ! Tu étais cachée ici depuis tout ce temps ?

– Non, sire, répond Chef. J'étais dans la forêt à réfléchir à la manière dont je vous avais déçu. Si seulement il y avait une chance de vous consoler…

– Mouaif, c'est raté… grogne le roi. Pour que je sois heureux un jour, il faut que je mange un Troll, et ça n'arrivera jamais… à cause de toi !

– C'est pourtant possible, répond Chef avec un sourire triomphant. *Grâce* à moi.

ZIP.

Elle ouvre son sac de cuir et dévoile les Trolls qu'elle a capturés. Un arc-en-ciel vient illuminer le visage stupéfait du roi.

– Tu les as trouvés ? s'écrie le roi. Cela veut dire que… je pourrais réellement être heureux !

– Tout à fait, confirme Chef. Bien sûr, les autres Bergens seront toujours aussi misérables, mais ça ne vous concerne pas.

King Graillon Junior hésite.

– Je suis leur roi, ça me concerne un peu quand même…

– Qu'est-ce que vous proposez, alors ? demande Chef qui savait qu'il allait réagir ainsi. Vous voudriez rétablir le Trollstice ?

– Hum… réfléchit le roi. Oui, c'est EXACTEMENT ce que je propose.

– Quelle idée formidable, sire ! lance Chef en jouant les impressionnées. Vous êtes très intelligent.

Son plan se déroule à merveille. Si le roi rétablit le Trollstice, elle récupérera son poste.

– Alors, où penses-tu que sont nos amis ? murmure Poppy en se glissant en douce dans les couloirs du château.

– Si je devais deviner, je dirais… dans l'estomac d'un Bergen ! répond Branche.

– Tu ne pourrais pas être un peu optimiste juste une fois dans ta vie ? Tu pourrais t'y habituer !

– D'accord, ironise Branche. Non seulement ils sont en vie, mais on va nous les rendre sur un plateau d'argent !

– Merci, répond Poppy qui ne comprend pas qu'il s'agissait d'une blague. Ce n'était pas si dur, pas vrai ?

C'est alors que Chef arrive dans le couloir avec les Trolls dans son sac. Elle est accompagnée de Brigitte.

Les deux Bergens se rendent dans la cuisine. Chef tape dans ses mains et les torches s'allument. Puis elle s'empare d'un couteau et le pointe d'un air menaçant vers la servante.

– À partir de maintenant, tu travailles pour moi ! Alors prends toute la vaisselle sale et va la nettoyer !

Puis elle ouvre son sac, enferme les Trolls terrifiés dans une cage, et se met à aiguiser son long couteau sur une barre de métal.

Bientôt, elle regagnera sa place et dirigera dans l'ombre le royaume des Bergens – quoi qu'en pense cet abruti de roi . Elle éclate d'un rire hideux. Le tonnerre gronde. Un éclair crépite. Un corbeau croasse dans le lointain.

Dans leur cage de fer , les Trolls se pressent les uns contre les autres, tout tremblants.

La salle de banquet du château n'a pas été utilisée depuis vingt ans. Poppy et Branche se faufilent le long d'une chaîne suspendue au plafond et se cachent dans un chandelier. De là-haut, ils peuvent observer sans être vus !

– J'ai eu une bonne idée, se vante King Graillon Junior en rentrant dans la salle. Ce sera le meilleur Trollstice du monde !

Chef entre dans la salle en poussant un chariot. La cage avec les Trolls se trouve dessus !

– Regarde ! murmure Poppy.

– Ils sont en vie ! souffle Branche, incrédule.

Il n'arrive pas à y croire.

– Et tu avais raison, ils sont sur un plateau d'argent, rajoute Poppy.

Chef ouvre une boîte en bois et en sort un bavoir.

– Regardez, sire, j'ai trouvé votre vieux bavoir Troll !

– Oh, génial ! s'écrie le roi. Je suis sûr qu'il me va encore !

Mais quand il essaie de l'attacher, il est vraiment très étroit. King Graillon Junior a du mal à respirer.

RRRIP !

Le bavoir se déchire d'un coup et la couronne du roi roule sur le sol. Alors que Cooper ne peut s'empêcher de rire du spectacle, le souverain le foudroie du regard :

– Ah, tu trouves ça drôle ? On verra qui rira lorsque je te mangerai.

Soudain, il s'interrompt.

– Attends une seconde, Chef. Il n'y en a pas assez pour nourrir toute la ville. Comment pouvons-nous organiser un Trollstice si nous manquons de Trolls ?

– Il y en a plein d'autres là où j'ai trouvé ceux-là, essaie de le rassurer Chef. En attendant, mangez-en déjà un.

Elle plonge sa main dans la cage et attrape le premier Troll qu'elle trouve. C'est Creek !

– Mon premier Troll ! s'extasie le roi, incapable de réaliser que ce moment est enfin arrivé.

– Allez, mangez-le, sire, insiste Chef. Goûtez au vrai bonheur.

Le roi soulève le Troll terrifié au-dessus de sa bouche...

Puis il hésite.

– Est-ce qu'on ne devrait pas attendre le Trollstice ?

– Sire, chaque jour est un Trollstice quand on a des Trolls, insiste Chef.

Elle ramasse Creek, le roule dans un taco et le tend au roi, sous le regard horrifié des Trolls.

De nouveau, le roi lève la galette vers sa bouche avant de s'arrêter.

– Mais mon père a dit que la première fois devait être spéciale.

– Mais c'est vous le roi, maintenant, le persuade Chef en mettant de la sauce épicée sur le Troll.

Le roi reprend le taco avant de s'interrompre une troisième fois.

– Je pense que je devrais partager ce moment avec tout le royaume.

– MANGEZ ! hurle Chef en perdant le peu de patience qui lui restait.

Elle fourre le taco dans la gueule ouverte du roi. Creek couine lorsque Graillon referme sa bouche.

– Non ! crie Poppy, désespérée.

– Oui, confirme Chef en souriant.

Elle claque des doigts : les gardes déposent un sombrero sur la tête du roi et des maracas dans ses mains. De la musique mexicaine résonne alors que les gardes poussent le roi vers la porte avec Creek dans sa bouche.

Chef lance une cuillère vers Brigitte et la frappe en plein visage.

– Enferme vite ces Trolls dans ta chambre et garde-les bien ! Ta vie en dépend !

– À vos ordres, répond Brigitte avec obéissance.

Poppy est en état de choc.

– On doit absolument sauver Creek, souffle-t-elle.

– Le sauver de quoi ? interroge Branche. De l'estomac du roi ?

– On ne l'a pas vu mâcher, explique la princesse. Ni même avaler.

— Admets la vérité, Poppy, soupire Branche en secouant la tête. Je suis désolé, mais c'est trop tard pour lui.

Tandis que Brigitte sort la cage à Trolls de la salle de banquet, Branche se rend compte que Poppy n'est plus à côté de lui. Elle a glissé le long d'une échelle et a atterri sur le tablier de Brigitte. Branche est obligé de la suivre !

Les deux Trolls s'accrochent à la Bergen pendant qu'elle se rend dans sa chambre. À peine la servante a-t-elle posé la cage sur la table qu'une trappe s'ouvre dans le plafond. De la vaisselle sale lui tombe dessus !

— Lave tout ça pour le Trollstice ! hurle Chef par l'ouverture. Le roi invite tout le monde – tout le monde sauf *toi* bien sûr !

Une dernière casserole tombe sur la tête de Brigitte. Désespérée, la Bergen se jette sur son petit lit crasseux et se met à pleurer. Puis elle commence à chanter.

Poppy et Branche l'observent à travers la poche de son tablier. Alors que la Bergen continue sa chanson triste, elle sort un paquet de magazines de sous son lit. Elle les feuillette en cherchant des images de King Graillon Junior. Quand elle en trouve une, elle la découpe et la colle sur un mur caché derrière un rideau, où se trouvent déjà des centaines de photos ! Une fois ses découpages terminés, elle sort de son placard un coussin sur lequel on peut voir la tête du roi. Elle l'embrasse affectueusement, pose sa tête dessus et s'endort.

– Brigitte est amoureuse du roi ! devine Poppy.

– Qu'est-ce que tu racontes ? proteste Branche. Les Bergens n'ont pas de sentiments.

– Peut-être que tu ne sais pas tout sur eux, observe Poppy en descendant du tablier. Maintenant, allons-y !

Ils atteignent rapidement la cage où leurs amis sont retenus prisonniers.

– Poppy ! crient les Trolls, stupéfaits et ravis de retrouver leur princesse.

Aussitôt, ils se mettent à chanter :

– Il y a une fête dans le coin…

– Non, il n'y a aucune fête dans le coin, insiste Branche en brisant le cadenas avec les ciseaux de Poppy. Plus vite on vous sort d'ici…

– … plus vite on pourra sauver Creek ! complète la princesse.

– Quoi ? s'étonne Branche. Je sais que tu espères un final plein d'arcs-en-ciel, mais il faut se rendre à l'évidence : Creek a été mangé.

– C'était affreux, gémit Cooper.

– Ils l'ont mis dans un taco ! confirme Biggie.

– Comment peux-tu croire qu'il
est encore en vie ? demande Branche
gentiment.

– Je ne crois pas qu'il est en vie, répond
Poppy avec une expression déterminée.
Je l'espère juste. Et ça suffit.

Soudain, la pièce entière s'illumine.
Brigitte a allumé la lampe !

– Hé, dit-elle, où est-ce que vous
essayez de filer ?

Les Trolls crient et s'éparpillent dans
la pièce, à la recherche de cachettes.

– Arrêtez ! crie Brigitte. Rentrez dans
votre cage ! Chef va être furieuse !

Elle coince Branche près d'une pile
d'assiettes et lève une poêle à frire,
prête à frapper.

– Brigitte, arrête ! ordonne Poppy
avec autorité.

La Bergen s'immobilise.

– Tu es amoureuse de King Graillon
Junior, continue la princesse.

Brigitte essaie de nier, mais la princesse
dévoile les photos derrière le rideau.

– Et alors, quelle importance ? soupire la Bergen, vaincue. Il ne sait même pas que j'existe.

– Je peux t'aider ! suggère Poppy. Et s'il existait un moyen d'avoir toutes les deux ce que nous voulons ? Le Troll que le roi a mis dans sa bouche s'appelle Creek. Et je ferai tout pour le sauver. Seulement, on ne peut pas s'approcher du roi sans risquer de nous faire manger. Mais toi, tu peux.

– Bien sûr… se moque Brigitte qui n'y croit pas une seule seconde. Comme s'il allait parler à une simple servante !

La princesse sourit.

– Et s'il ne se doutait pas un instant que tu étais une servante ? S'il pensait que tu étais juste une super jolie fille ?

– Hein ? dit Brigitte, un peu perdue. Pourquoi le croirait-il ? Quelle super jolie fille serait habillée comme une servante ?

– On va te créer une nouvelle tenue, suggère Satin. Je pense à…

– Une magnifique combi-pantalon ! complète Chenille en même temps que sa sœur.

– Même avec de beaux habits, j'aurai toujours ces cheveux hideux, continue Brigitte en passant la main dans sa tignasse fatiguée.

– Oh, on peut arranger ça ! dit Poppy.

– Même avec une jolie tenue et des cheveux soigneux, je ne sais pas comment parle une super jolie fille, s'obstine Brigitte.

– On t'aidera pour ça aussi, assure la princesse. Qu'est-ce que tu en dis ? Si tu nous ramènes Creek, on t'obtient un rendez-vous avec le roi.

Brigitte réfléchit, avant d'acquiescer, hésitante.

– Cinq, six, sept, huit ! crie Poppy pour lancer la chanson.

Tous ses amis l'accompagnent.

– Quand tu te regardes dans le miroir, tous tes doutes disparaîtront ! chantent-ils en chœur.

– Attendez ! rugit Brigitte. Pourquoi celui-ci ne chante pas ?

Elle parle de Branche, bien sûr.

– Allez, Branche, chante avec nous, propose Cooper.

– Non, vraiment, pas besoin, dit le Troll gris.

Le peu de confiance en elle que Brigitte avait réussi à gagner disparaît aussitôt.

– Tu penses que ça ne marchera pas, c'est ça ? murmure-t-elle. C'est vrai, c'est une idée complètement stupide. King Graillon Junior ne m'aimera jamais !

Elle se jette sur le lit et commence à sangloter. Les Trolls se précipitent pour la consoler en laissant Poppy seule avec Branche.

– Qu'est-ce que tu fais ? siffle la princesse. Tu dois chanter !

– Je te l'ai déjà dit, je ne chante pas, s'obstine Branche.

– Eh bien, tu n'as pas le choix.

– Désolé, je ne peux pas.

– Si, tu peux, commence à s'énerver la Troll aux cheveux roses. C'est juste que tu ne *veux* pas.

– D'accord, s'énerve aussi Branche. Je ne *veux* pas.

– Mais pourquoi ?!

– Parce qu'une chanson a tué ma grand-mère, d'accord ? avoue Branche. Maintenant, laisse-moi tranquille.

– Comment ça ? demande Poppy, stupéfaite.

Branche soupire.

– Ce jour-là, j'étais tellement perdu dans ma musique que je n'ai pas entendu

ma grand-mère m'avertir qu'un Bergen arrivait. Pendant qu'elle essayait de me prévenir, le Bergen… l'a attrapée. Je ne l'ai plus jamais revue. Depuis, ma peau est devenue grise. Et je n'ai plus chanté une seule note.

Poppy pose sa main sur l'épaule de Branche.

– Je suis désolée, Branche. Je ne savais pas. Je pensais juste que tu avais une voix affreuse.

– Non, répond-il rêveusement. J'avais la voix d'un ange. En tout cas, c'est ce que Grannie me répétait souvent…

Poppy se penche et lui fait un gros câlin.

– Hé, proteste Branche, qu'est-ce que tu fais ? Ce n'est pas l'Heure des Câlins.

– Non, mais je me suis juste dit que tu en avais besoin.

Branche la regarde, touché. Un par un, les autres Trolls le serrent dans leurs bras. Brigitte vient se joindre au petit groupe, jusqu'à ce que Branche se libère.

– D'accord, d'accord, je vais vous aider. Mais je ne chanterai pas !

Tout le monde, même Brigitte, semble d'accord avec ce compromis. Satin et Chenille fabriquent une combinaison à la mode avec une jolie ceinture blanche, des chaussures à plates-formes et un sac rose flashy. Puis les Trolls grimpent sur la tête de Brigitte et transforment ses cheveux en une magnifique perruque multicolore !

Surtout, Brigitte a changé d'attitude. Elle a plus confiance en elle… et elle est plus heureuse ! Elle se regarde dans le miroir et glousse de bonheur. Il est maintenant temps d'aller chercher King Graillon Junior, qui fait les courses dans un magasin de bavoirs.

Transformation

– Non, non, non ! rugit le roi. Ça ne va pas ! J'ai besoin d'un bavoir à ma hauteur ! Quelque chose d'élégant, de sophistiqué… Un bavoir pour adulte, quoi !

– Oui, sire, répond nerveusement le vendeur.

À l'extérieur du magasin, Brigitte s'approche prudemment de la vitrine.

– Oh, soupire-t-elle rêveusement, il est si beau.

Poppy, cachée dans sa perruque avec les autres Trolls, se penche vers l'oreille de Brigitte et lui glisse quelques mots d'encouragements.

– Oui, il est beau et tu es magnifique ! Tu vas y arriver. Ne t'inquiète pas. On sera tous là pour toi.

La servante prend une grande inspiration. Puis elle se redresse de toute la hauteur de ses talons.

– Vous me direz quoi dire, d'accord ?

– Bien sûr, promet la princesse.

– Bien sûr, répète Brigitte avec obéissance avant d'entrer dans la boutique.

À l'intérieur, le vendeur est à court de bavoirs. Il ne lui en reste plus qu'un en stock ! Heureusement, il convient parfaitement au roi. Le vendeur est soulagé. Mais…

– Je trouve que ça te donne l'air gros, dit une voix.

– Quoi ?! crie le roi, fou de rage.

Il se retourne et aperçoit Brigitte à l'entrée du magasin. Elle est éblouissante avec sa jolie combinaison rose et sa perruque multicolore.

— G, R, O, S, murmure Poppy à l'oreille de Brigitte. Puis mets-toi dans la position qu'on a répétée.

— G, R, O, S, épelle Brigitte en prenant la pose d'une mannequin.

King Graillon Junior, son bavoir autour du cou, la dévore du regard.

— Incroyable ! s'écrie-t-il. Une honnêteté parfaite de la part d'une fille parfaite !

Brigitte glousse, et le roi la rejoint, un sourire béat sur les lèvres.

— Et qui donc êtes-vous ? demande-t-il en essayant d'avoir l'air aussi charmant que possible.

— Euh… répond Brigitte faiblement.

Elle ne peut pas donner son vrai nom. Et si jamais il avait déjà entendu quelqu'un l'appeler ainsi ? Dans la perruque, Poppy réfléchit à toute vitesse. Elle n'avait pas pensé à ça !

– Tu t'appelles... commence-t-elle. Euh... euh...

– Lady ! suggère Biggie.

– Paillette ! propose Guy Diamant.

– Froufrou ! lance Smidge.

– Sérieux ? grogne Branche à Poppy.

C'est un désastre... Mais Brigitte, elle, n'a rien raté de la conversation.

– Je m'appelle Lady Paillette-Froufrou. Sérieux.

Le roi n'a pas l'air de trouver ça étrange.

– Eh bien, Lady Paillette-Froufrou, accepteriez-vous de m'accompagner à la salle de jeux du capitaine Starfunkle ?

Brigitte écarquille les yeux et son sourire s'élargit.

– Est-ce que j'accepte ? s'étouffe-t-elle, avant de détourner la tête et de murmurer à Poppy : euh, est-ce que je dois accepter ?

– Oui, répond la princesse. Tu en serais ravie.

– Oui, répète Brigitte. Tu en serais ravie.

– En effet, admet le roi en souriant.

Il offre son bras à Lady Paillette-Froufrou pour sortir de la boutique et se rendre à la salle de jeux.

La pizza proposée par le capitaine Starfunkle est grasse, pleine de sauce… et tout simplement délicieuse ! Brigitte sourit modestement et tend la main vers une part. Le roi attrape la même portion et leurs mains se touchent. Puis… PAF ! Brigitte donne une tape sur les doigts de Graillon, saisit la pizza et la dévore d'un coup. Le roi la regarde, complètement sous son charme.

– Vous êtes fantastique, s'exclame-t-il.

– Complimente-le aussi, souffle Poppy à l'oreille de Brigitte.

– J'aime votre dos, dit celle-ci.

– Hein ?! demande le roi, qui ne comprend pas où elle veut en venir.

– Euh… bredouille Brigitte.

– Vite, Poppy, trouve quelque chose ! s'écrie Branche.

La princesse cherche un bon compliment.

– Euh, tes yeux sont…

Mais elle n'arrive pas à trouver quelque chose de beau à ces yeux globuleux et secs.

– Ou tes oreilles sont…

Mais elles sont toutes pointues et ressemblent à celles d'une chauve-souris.

Aussitôt, les Trolls se précipitent pour l'aider.

– Ton nez ! crie Biggie.

– Ta peau ! suggèrent Satin et Chenille.

– Ton cou ! observe Cooper, qui est très fier du sien.

Brigitte est perdue. Elle répète tout ce qu'on lui dit.

– Tes yeux sont… Tes oreilles… Ton nez… Ta peau… Ton cou…

– Qu'est-ce que tu racontes ? demande le roi, surpris. Tu te moques de moi, ou quoi ?

– Tes yeux, reprend soudain Brigitte. Ce sont des étangs si profonds… J'ai peur que si jamais j'y plonge…

Qui a dit ça ? Qui murmure ces mots si poétiques à l'oreille de Brigitte ?

C'est Branche !

– … je ne pourrai jamais retrouver ma respiration, continue-t-il. Et ton si joli sourire… Le soleil lui-même en est jaloux et refuse de sortir de derrière les nuages…

Brigitte répète tout et le roi la regarde, touché par de si beaux compliments.

– ... en sachant qu'il ne peut pas briller autant que toi, conclut-elle.

Le roi part d'un rire embarrassé en dévoilant ses dents pointues de Bergen.

– C'est vrai, j'ai un beau sourire, pas vrai ? dit-il timidement.

– Oui, souffle simplement Branche à l'oreille de Brigitte.

Mais cette fois-ci, la Bergen ne répète pas. Elle a pris confiance en elle et décide d'ouvrir son cœur.

– Je n'arrive pas à croire que je vais dire ça...

– Les gars, elle improvise, observe Biggie avec inquiétude.

– ... mais en me tenant ici avec toi, aujourd'hui, je me rends compte que le vrai bonheur est possible.

– En effet, répond le roi en souriant. Le vrai bonheur est plus proche que tu le penses. Il est juste ici !

Il se rapproche de Brigitte en tapotant le médaillon qu'il porte autour de son cou.

King Graillon Junior ouvre le bijou… Creek est à l'intérieur ! Il est épuisé, mais toujours vivant !

– Je savais qu'il n'était pas mort ! s'écrie Poppy.

Les autres Trolls poussent des cris de joie. Le roi soulève Creek entre deux doigts :

– Je fais durer ce petit, explique-t-il avant de reposer le Troll dans le médaillon et de le refermer. Dites-moi, Lady Paillette-Froufrou, est-ce que je vous verrai à la fête du Trollstice ?

– M'enfin, répond Brigitte sans réfléchir. Je bosserai…

– J'en serai la boss ! corrige Poppy en urgence.

– Oui, j'en serai la boss ! s'écrie Brigitte.

– Parfait, confirme le roi en souriant jusqu'aux oreilles. Parce que vous serez mon invitée !

– Vraiment ?! se réjouit Brigitte.

– Si vous êtes d'accord.

– Oui ! souffle-t-elle sans y croire.

Après le repas, les deux amoureux enfilent des patins à roulettes et dansent sur la piste de la salle de jeux. Plus King Graillon Junior et Brigitte vont vite, plus les Trolls doivent se cramponner pour ne pas tomber.

Brigitte ne s'est jamais sentie aussi heureuse et aussi confiante de toute sa vie. Mais au moment où les deux amoureux s'apprêtent à s'embrasser, une voix autoritaire les interrompt :

– Votre majesté ! Vous avez l'air de… vous amuser.

C'est Chef, qui vient d'arriver et qui les foudroie du regard.

– En effet ! répond le roi, tout à son bonheur. Je te présente la splendide et merveilleuse Lady Paillette-Froufrou !

Elle sera mon invitée à la fête du Trollstice.

– Formidable, répond Chef. Je dirai à ma servante incompétente de réserver une place supplémentaire pour la magnifique Lady Paillette-Froufrou.

– Installez-la près de moi, ordonne le roi.

Il se tourne pour sourire à Brigitte…
… mais elle a disparu !

La porte de la salle de jeux est grande ouverte. Toujours en rollers, le roi se précipite dehors. Il aperçoit la perruque de Brigitte qui disparaît dans le lointain. Elle a perdu un patin et roule sur une seule jambe.

– Lady Paillette-Froufrou ! crie le roi en ramassant sa chaussure. Je vous verrai au Trollstice, n'est-ce pas ?

Brigitte est partie brutalement pour être certaine d'arriver au château avant

Chef. Quand elle atteint enfin sa petite chambre, elle ferme la porte et se jette sur son lit. Les Trolls sautent sur le sol :

– Je pense que le roi vous aime vraiment, se réjouit Cooper.

– C'était le plus beau jour de ma vie… glousse Brigitte. Je suis tellement heureuse !

– Moi aussi, lance Poppy. Creek est en vie !

Tous se mettent à pousser des cris de joie… mais, soudain, ils entendent derrière eux un grondement effrayant.

YAAARH !

C'est Branche !

– Qu'est-ce qui ne va pas ? s'inquiète Poppy.

– Rien ! Je suis content, alors je crie comme vous… mais je crois que je suis un peu rouillé.

– Eh bien, il va falloir que tu t'entraînes, parce qu'on va sauver Creek, et que la vie sera de nouveau pleine d'arcs-en-ciel !

Alors que les Trolls se dirigent vers la sortie pour aller aider leur compagnon, Brigitte se relève, affolée.

– Attendez ! Vous ne pouvez pas partir ! Lady Paillette-Froufrou sera l'invitée du roi au repas. J'ai besoin de vous !

Poppy se sent triste pour la servante, mais elle doit se dépêcher de sauver Creek.

– Tu te rappelles quand tu as parlé avec ton cœur ? lance-t-elle. C'était formidable ! Le roi et toi, vous vous rendez heureux ! Vous n'avez plus besoin de nous...

– Non, se met à pleurer Brigitte. C'est Lady Paillette-Froufrou qui le rendait heureux, pas moi. Je ne sais pas faire.

Malgré les protestations des Trolls, elle commence à arracher toutes les photos du roi.

– BRIGITTE ! rugit Chef à travers l'ouverture au plafond. QU'EST-CE QUI SE PASSE LÀ-DESSOUS ? Et nettoie-moi ces assiettes, le roi a une invitée !

– Oui, Chef, gémit Brigitte avant de se remettre à pleurer.

Dans les appartements royaux, le roi jette le médaillon qui enferme Creek sur son lit. Il pose amoureusement le patin de Brigitte à côté. Puis il se tourne vers son alligator de compagnie.

– On peut le faire, Barnabus ! Je dois juste perdre quinze kilos dans les huit heures à venir !

Il monte sur le tapis roulant et commence à marcher avec un casque sur les oreilles. La musique est si forte qu'elle couvre tous les autres bruits.

Les Trolls jettent un œil par la porte puis se faufilent dans la chambre. Ils montent sur le lit et se rapprochent du médaillon. Branche a du mal à l'ouvrir.

– C'est coincé, grogne-t-il.

Soudain, une image se reflète sur la surface du médaillon. Barnabus !

– Fuyez ! crie Branche.

Poppy et lui attrapent le bijou et se mettent à courir. L'alligator les pourchasse dans la pièce dans un fracas terrible, mais le roi ne remarque rien, concentré sur sa musique.

Finalement, les Trolls grimpent dans le patin de Brigitte et s'enfuient dans le couloir. Barnabus est à leurs trousses !

– Satin ! Chenille ! Demi-tour serré à droite !

Les jumelles utilisent leurs cheveux pour tourner brutalement. Barnabus dérape mais continue sa course !

– Guy Diamant ! Aveugle-le ! ordonne Poppy.

Le Troll pose ses fesses brillantes sur la roue, et le frottement provoque un jet de paillettes ! L'alligator perd du temps, aveuglé, mais le patin prend de l'élan, passe par la fenêtre et, emporté par sa vitesse, continue dans les airs !

Les Trolls se cramponnent tandis que le médaillon glisse des mains de Poppy et tombe dans la gueule de Barnabus ! Pris par surprise, l'alligator le recrache, et Poppy bondit pour le récupérer.

– Branche ! crie-t-elle comme un appel au secours.

Son ami lance ses cheveux et la ramène sur le patin… qui file toujours dans les airs ! Il retourne dans le château en traversant une fenêtre, puis une lampe, un chandelier, une armoire et un buste du roi en marbre. Enfin, les Trolls atterrissent dans la cuisine.

Dans sa chute, le médaillon s'est ouvert. Il est vide !

– Je suis désolé, souffle Branche. Nous arrivons trop tard.

Poppy retient ses sanglots. Sans même réfléchir, Branche la prend dans ses bras.

– En fait, vous arrivez au moment idéal, corrige Chef.

BOUM !

Elle fait tomber une cage sur les Trolls !

– Désolée, se moque la cuisinière, mais je ne peux pas vous laisser partir avant le repas de demain. Un repas auquel vous êtes tous invités bien sûr ! Et quand je dis tous, c'est *tous* les Trolls de votre village.

– Vous ne trouverez jamais les autres Trolls, s'indigne Poppy. Ils se sont bien cachés !

– Tu as raison, je ne pourrai pas les trouver toute seule, confirme Chef. Mais j'y arriverai avec l'aide de… votre ami !

Elle ouvre son sac et en sort un Troll. C'est Creek !

– Il nous a trahis ! crie Branche.

– Attends ! proteste la princesse. Je suis sûre qu'il a une explication raisonnable. Donne-lui une chance !

– Merci, Poppy, répond Creek, avant de rajouter : en fait, Branche a raison : je vous ai trahis.

Il se trouvait trop formidable pour mourir si jeune, alors il s'est rendu compte qu'il était prêt à tout pour survivre. Il a accepté de dire à Chef où se trouvaient les autres Trolls en échange de sa liberté.

– Tu ne peux pas faire ça, murmure Poppy, atterrée.

– J'aimerais qu'il y ait un autre moyen mais… commence Creek.

– … il n'y en a pas, conclut Chef en aiguisant un long couteau.

Creek tend la main à travers les barreaux de la cage et récupère la clochette dans les cheveux de Poppy.

## Ensemble ou rien

Le lendemain, Chef dépose Creek dans le village des Trolls pour qu'il fasse sonner la clochette de Poppy. Dans l'abri souterrain de Branche, King Peppy entend la petite mélodie :

– Écoutez ! C'est ma fille ! Elle a réussi ! Elle est de retour !

Fous de joie, les Trolls sortent un à un de l'abri. Ils s'attendent à retrouver leur princesse mais, à la place, ils tombent sur Creek, qui flotte dans les airs.

Ils réalisent trop tard que Chef le tient par les cheveux...

– FUYEZ ! crie le roi.

Mais Chef et ses gardes attrapent tous les Trolls et retournent à Bergenville.

Le jour du Trollstice est enfin arrivé. King Graillon Junior attend devant la salle du banquet, le patin de Lady Paillette-Froufrou à la main. Il cherche son invitée dans la foule. Il ne s'est jamais senti aussi excité.

Dans la cuisine, Chef vide son sac dans la marmite, et les Trolls du village tombent à l'intérieur pour rejoindre leurs amis déjà capturés.

– Poppy ?! demande King Peppy en regardant autour de lui. Tout va bien ?

– Super... Tous ceux que j'aime sont dans une marmite, murmure-t-elle.

– Je rêve ou c'était de l'ironie ? commente Branche, surpris.

– Tout à fait ! grince Poppy. Je ne sais pas pourquoi, je pensais pouvoir y arriver et tous vous sauver. Quand on ne regarde que le bon côté des choses, on finit par s'aveugler. Tu avais raison.

Le Troll gris baisse la tête. Bizarrement, ça ne le réjouit pas d'entendre Poppy parler ainsi.

– Tu sais… commence-t-il.

– On va se faire manger, l'interrompt-elle.

Poppy ne s'est jamais sentie aussi impuissante. Ses couleurs disparaissent peu à peu… en quelques secondes, elle se retrouve toute grise ! Pour la première fois de sa vie, elle a perdu espoir – et tout son rose ! Les Trolls la fixent, stupéfaits. La voir ainsi les déprime, et ils perdent, eux aussi, leurs couleurs. Bientôt, tous les Trolls sont devenus gris.

Puis une voix commence à chanter… C'est une voix douce et claire comme celle d'un ange. Est-ce un rêve ?

Non. C'est Branche, lui qui ne chante jamais ! Il parle de la manière dont on perd facilement son courage quand tout va mal. Et à quel point on peut se sentir petit dans un monde grand et froid. Tout en chantant, il s'accroupit près de la princesse, prend sa tête dans ses mains et la force à le regarder.

Pendant ce temps, Brigitte arrive dans la cuisine avec ses vieux habits de servante. Elle écoute tristement la chanson de Branche.

PAF !

Chef frappe Brigitte sur la tête avec une cuillère en bois.

– Qu'est-ce que tu fais ? rugit-elle. Le roi attend ! Amène-lui ces Trolls !

Dans la marmite, Branche continue à chanter. Pour lui, rien d'autre n'a d'importance. Il chante de tout son cœur. Il prend Poppy par les mains et l'aide à se relever. Sa chanson parle de rires et de sourires. Et du fait que, si la princesse déprime, elle devrait simplement l'appeler, parce qu'il sera toujours là pour elle.

C'est alors que quelque chose d'extraordinaire se produit ! La couleur rose de Poppy revient en commençant pas ses orteils, puis ses pieds, ses jambes et jusqu'à ses cheveux ! Elle n'arrive pas à croire que Branche lui a ouvert son cœur. Elle commence à chanter avec lui et lui prend la main…

Et quelque chose d'encore *plus* extraordinaire se produit. Les doigts gris de

Branche deviennent verts ! Puis c'est au tour de son bras, son corps... et ses cheveux de se colorer dans un bleu profond. Voilà quelles étaient ses vraies couleurs !

Ils chantent et dansent ensemble et, au fur et à mesure, tous les autres Trolls retrouvent également leur apparence initiale.

– Merci ! dit Poppy.

– Non, merci à toi ! corrige Branche. Merci de m'avoir montré comment je pouvais être heureux.

– Sérieux ? Tu es enfin heureux ? *Maintenant* ?

Branche sait que ça n'a aucun sens d'être joyeux alors qu'ils sont enfermés dans une marmite, prêts à être dévorés.

– Tu avais raison, admet-il. Mon bonheur était en moi. Et tu m'as aidé à le trouver.

La princesse a retrouvé confiance en elle, mais les Trolls sont toujours pris au piège. Que faire ?

Soudain, quelqu'un soulève le couvercle et la lumière s'infiltre à l'intérieur de la marmite. C'est Brigitte !

– Poppy, dit-elle, tu dois fuir.

La princesse regarde autour d'elle. Il y a des étoiles dans le ciel. Ils ne sont pas dans la cuisine ni même dans le château ! La servante les a conduits dehors !

– Qu'est-ce que tu as fait ? demande la princesse.

– Je ne peux pas les laisser vous manger, répond simplement Brigitte. Allez, fuyez !

– Non ! proteste Poppy. Si jamais tu reviens sans nous, ils vont te…

– Je m'en moque, répond Brigitte. Je suis juste une Bergen. Nous ne sommes pas faits pour le bonheur.

– Tu n'es pas seulement une Bergen, corrige Poppy. Tu es brave, tu es belle et tu es mon amie.

Brigitte écarquille les yeux :

– Je pense que tu es mon amie aussi. Au moins, j'aurai eu une journée parfaite, grâce à vous ! Bon, je dois rentrer au château. Filez !

– Viens avec nous ! propose Poppy.

– Et vous rendre plus facile à trouver ? Non. Vous devez partir ! Maintenant !

Brigitte retourne à la porte du château et commence à la fermer, mais Poppy court pour serrer une dernière fois son doigt dans ses bras.

– Adieu, Poppy, dit gentiment la Bergen en fermant la porte.

Les Trolls fuient vers la forêt, encouragés par Poppy.

– Allez ! On n'abandonne aucun Troll ! lance-t-elle à ses amis.

Soudain, la princesse s'arrête. Elle réfléchit quelques secondes… et repart dans l'autre sens !

Branche court après Poppy et finit par la rattraper.

– Où est-ce que tu vas ? Qu'est-ce que tu fais ?

– Brigitte a gâché sa vie pour sauver la mienne, explique-t-elle. Ce n'est pas juste. Elle mérite d'être aussi heureuse que nous. Ils méritent tous d'être heureux ! « On n'abandonne aucun Troll » ? Non ! On n'abandonne personne !

Dans la salle du banquet, les Bergens poussent des cris de joie en voyant Brigitte arriver avec la grosse marmite. Mais King Graillon Junior continue à regarder autour de lui, déçu de ne pas trouver son invitée.

– Allez, tout le monde. Devenons heureux ! lance Chef. King Graillon Junior, il n'y a qu'une chose qui puisse vous rendre heureux, et une seule Bergen qui puisse vous l'offrir. Bon appétit !

Elle ouvre théâtralement la marmite… qui est vide !

– Ils ont disparu ! crie Chef.

– Disparu ? répète King Graillon Junior.

– Brigitte, qu'est-ce que tu as fait ? rugit Chef. Tu les as mangés, pas vrai ? Espèce de…

Les gardes s'approchent de Brigitte quand, soudain… BAM ! Les Trolls arrivent dans le hall à bord du patin de la servante. Ils rebondissent sur la queue de Barnabus et volent dans les airs pour atterrir dans les cheveux de Brigitte. Comme par magie, cette dernière ressemble de nouveau à Lady Paillette-Froufrou.

– Quoi ?! s'écrie Chef, stupéfaite.

– Mais pourquoi ? demande le roi en s'approchant de son invitée. Pourquoi te déguiser comme ça ?

– Parce qu'elle ne pensait pas que vous remarqueriez une simple servante, explique Poppy en sortant sa tête de la perruque.

Brigitte enlève tristement les Trolls de ses cheveux.

– Sérieusement, comment aurais-je pu vous plaire autrement ?

– Gardes ! ordonne Chef. Attrapez-la !

– Attendez ! crie Poppy. King Graillon Junior, quand vous étiez avec Brigitte, vous ressentiez quelque chose, pas vrai ?

– Oui, je me suis dit que j'avais mangé trop de pizza, confirme le roi après avoir réfléchi.

– Moi aussi ! lance Brigitte.

Ils se regardent tous les deux en se rappelant ces moments.

– Ce sentiment… c'était ça, le bonheur, explique Poppy.

Les Bergens poussent un cri de surprise.

– Il faut manger un Troll pour être heureux, proteste l'un d'eux. Tout le monde sait ça !

– C'est faux, annonce fermement Poppy. Regardez, votre roi n'a jamais mangé de Troll, pas vrai ?

– Et pourtant... réalise soudain le roi en mettant un genou à terre devant Brigitte, j'ai l'estomac vide, mais le cœur plein !

– Oh, font les Trolls, émus.

Le roi attrape le patin que Brigitte a perdu et le glisse à son pied. Les deux se sourient, sous les regards stupéfaits des autres Bergens.

– C'est vrai qu'ils ont l'air différents, admet l'un d'eux.

– Oui, confirme Poppy. Parce qu'ils sont heureux ! Et vous pouvez tous l'être aussi !

– En mettant un Troll dans votre bouche et en le mâchant ! hurle Chef. Vous ne comprenez pas ? Seule moi peux vous rendre heureux !

– Non, corrige Poppy. Elle ne peut pas vous rendre heureux, et moi non plus. Il n'y a que vous qui puissiez y arriver. C'est en vous, et ça l'a toujours été.

Elle commence à chanter une mélodie joyeuse, rejointe par Branche et les autres Trolls. Et soudain… incroyable ! Les Bergens se mettent à danser aussi !

Chef essaie de les arrêter, mais les Trolls la font glisser avec leurs cheveux. Elle tombe dans la marmite, sur le chariot, qui roule hors de la salle de banquet et disparaît dans le lointain !

Grâce aux Trolls, les Bergens, ces créatures si misérables, sont enfin heureuses !

C'est ainsi que l'Arbre Troll est revenu à la vie, et que la forêt joyeuse est de nouveau remplie des créatures les plus joyeuses que le monde ait connues : les Trolls… et les Bergens !

Branche ajoute la touche finale à son album-souvenir :

– Comme Poppy n'a jamais perdu espoir, elle a réussi à faire ce que personne n'avait jamais réussi : unir les Bergens et les Trolls, pour que tout le monde soit heureux et en sécurité. C'est pour ça qu'elle sera une reine formidable !

– Ton album est aussi réussi que tes chansons, admire Poppy.

– J'ai appris de la meilleure, dit Branche en faisant tournoyer ses ciseaux.

Il ouvre la dernière page de l'album et une avalanche de paillettes en sort pour recouvrir Poppy.

– VOUS AVEZ RÉUSSI ! crie une voix joyeuse.

King Peppy se rapproche d'eux :

– Tu es prête, ma fille ?

– Oui, répond-elle sans hésiter.

Elle enfile une cape verte et entrelace des fleurs dans ses cheveux. Les Trolls font une fête incroyable pour son couronnement. King Peppy lui donne fièrement la Torche de la Liberté pendant que des feux d'artifice illuminent le ciel.

– Notre nouvelle reine ! annonce King Peppy en présentant sa fille à la foule.

Et c'est sur les cris de joie des Trolls que cette histoire se termine…

# TABLE

1. Sauve qui peut ! ............... 9
2. C'est la fête ! ............... 23
3. À l'aide ! ..................... 37
4. Le visiteur surprise .......... 57
5. Infiltration ................... 71
6. Transformation .............. 93
7. Ensemble ou rien ........... 113

PAPIER À BASE DE FIBRES CERTIFIÉES

hachette s'engage pour l'environnement en réduisant l'empreinte carbone de ses livres. Celle de cet exemplaire est de : **400g éq. $CO_2$** Rendez-vous sur www.hachette-durable.fr

Photogravure Nord Compo - Villeneuve-d'Ascq

Imprimé en Roumanie par G. Canale & C. S.A.
Dépôt légal : octobre 2016
Achevé d'imprimer : août 2016
25.4619.1/01 – ISBN 978-2-01-180120-3
*Loi n° 49956 du 16 juillet 1949*
*sur les publications destinées à la jeunesse*